LABO HOCKEY

Shar Levine et
Leslie Johnstone

Illustrations de
Lorenzo Del Bianco

expériences de hockey

Texte français du Groupe Syntagme Inc.

À Josh et Rachel. Mazel Tov!
— S. L.

À Chris et Emily
— L. J.

Remerciements
Les auteures tiennent à remercier James Wendland, BHK, MHK, physiologiste principal de l'exercice au Peak Centre for Human Performance, pour son aide, ses conseils techniques et le temps qu'il leur a consacré.

Catalogage avant publication de Bibliothèque et Archives Canada

Levine, Shar, 1953-
Labo hockey : 25 expériences de hockey / Shar Levine et Leslie Johnstone ; illustrations de Lorenzo Del Bianco ; traduction du Groupe Syntagme.

Traduction de: Hockey science.
ISBN 978-1-4431-0778-5

1. Hockey--Expériences--Ouvrages pour la jeunesse. I. Johnstone, Leslie II. Del Bianco, Lorenzo III. Titre.

GV847.25.L4814 2012   j796.962078   C2012-901684-5

Édition publiée par les Éditions Scholastic, 604, rue King Ouest, Toronto (Ontario) M5V 1E1 CANADA.

6 5 4 3 2 1   Imprimé à Singapour 46   12 13 14 15 16

TABLE DES MATIÈRES

INTRODUCTION

C'est samedi soir, et tu regardes ton équipe préférée affronter l'équipe rivale à la télé. L'enjeu : une chance de participer à la première ronde des séries éliminatoires. Le score est à égalité, et il reste moins d'une minute de jeu. L'attaquant étoile se saisit de la rondelle et traverse la patinoire dans une échappée, dépasse le centre et se dirige vers le filet adverse. Tu ne tiens plus en place, comme tout le monde à l'aréna. D'un revers du poignet, le joueur réussit à faire entrer la rondelle dans le but par le coin supérieur. Ton équipe prend l'avance!

Le talent et les années d'entraînement du joueur ne suffisent pas pour compter un but. Crois-le ou non, cela a aussi beaucoup à voir avec la science!

La conception des matériaux qui composent les patins, les bâtons, les jambières et les casques s'appuie sur des connaissances scientifiques de pointe. Les entraîneurs se servent d'équipements ultramodernes pour analyser l'équilibre, les muscles et la force d'un joueur. Des nutritionnistes unissent leurs efforts à ceux des entraîneurs pour créer des boissons et des repas spéciaux qui permettront aux athlètes d'atteindre le sommet de leur forme. Et les médecins de l'équipe travaillent à améliorer la performance des joueurs en veillant à ce que les joueurs atteignent une forme physique et mentale optimale.

Tout est scientifique – la fabrication de la glace sur laquelle les joueurs patinent, la vitre de protection qui entoure la patinoire et même… la température de la rondelle!

Le livre que tu as entre les mains ne fera peut-être pas de toi le premier choix au repêchage, mais en t'aidant à comprendre la science derrière le hockey, il peut faire de toi un meilleur joueur. Et, si tu es simplement un amateur de hockey, ce livre t'aidera à mieux apprécier l'aspect scientifique de ton sport préféré.

LA SÉCURITÉ AVANT TOUT

Jouer au hockey dans la maison n'est probablement pas une bonne idée. Voici quelques règles simples à appliquer pour faire les activités de *Labo Hockey*. Si tu n'es pas certain d'avoir le droit de faire quelque chose, demande d'abord la permission à un adulte.

N'OUBLIE PAS :

1. Demande la permission avant d'essayer les expériences.

2. Porte toujours l'équipement de sécurité approprié.

3. Avertis un adulte si toi-même ou quelqu'un d'autre se blesse.

4. Lis toutes les étapes de l'activité et réunis le matériel nécessaire. Si tu n'es pas certain de savoir comment faire une expérience, demande à un adulte.

5. Garde une distance sécuritaire entre toi et les autres pendant l'activité.

NOTE AUX PARENTS, AUX ENSEIGNANTS ET AUX ENTRAÎNEURS

Peu d'enfants joueront au hockey aux Jeux olympiques ou seront repêchés par la Ligue nationale de hockey. Mais tous les enfants peuvent apprendre quelque chose sur la science du hockey. Peut-être que votre enfant deviendra ingénieur en matériaux ou inventera une nouvelle sorte de composite pour les bâtons de hockey ou se spécialisera en nutrition sportive. S'il est fort en maths, il raffolera des statistiques de hockey et des calculs géométriques permettant de savoir où un gardien de but devrait se placer pour arrêter un lancer frappé. Il n'y a pas que l'aspect sportif du hockey qui est passionnant, l'aspect scientifique l'est tout autant. Ce livre aidera les enfants à faire des liens entre la science, les mathématiques et le hockey.

Le hockey peut être un sport qui demande beaucoup de temps et d'argent, mais les activités que vous trouverez ici sont rapides à exécuter et peu coûteuses. Même si vous ne possédez pas d'équipement de hockey ou n'avez pas accès à une patinoire, vous pouvez réaliser ces expériences. Nous espérons que ce livre sera une source d'inspiration pour les enfants tant sur la patinoire qu'à l'extérieur de la patinoire. Ils y trouveront des façons de se servir de la science pour améliorer leur jeu ou simplement pour comprendre comment un professionnel semble marquer un but ou bloquer un tir si facilement.

Au jeu!

1 POMPE À GLACE

Personne ne s'entend sur le lieu de naissance exact du hockey au Canada. Était-ce à Windsor, en Nouvelle-Écosse? À Kingston, en Ontario? À Montréal, au Québec? Ou ailleurs? Peu importe où ce sport a commencé, il s'est tout d'abord pratiqué à l'extérieur. Mais dès les années 1900, grâce à la réfrigération, les gens ont commencé à jouer sur des patinoires intérieures, partout au pays, même dans les villes où il ne fait jamais assez froid pour y avoir de la glace. Comment cela fonctionne-t-il?

Il te faut :

- un assistant
- une pompe à vélo

Marche à suivre :

1. Remplis la pompe à vélo d'air, puis bouche avec ton pouce le bout de la pompe où l'air sort. Touche le cylindre de la pompe pour vérifier sa température.

2. Demande à ton assistant de pousser sur le piston de la pompe, puis touche encore le cylindre. La température a-t-elle changé?

3. Demande à ton assistant de vider la pompe à vélo de son air. Bouche de nouveau la sortie de l'air avec ton pouce. Qu'arrive-t-il à la température du cylindre quand tu essaies de remplir la pompe d'air alors que tu bouches la sortie?

QUE S'EST-IL PASSÉ?

Quand tu as poussé le piston vers le bas, l'air contenu dans la pompe à vélo s'est réchauffé. Quand tu as essayé de tirer sur la pompe dont la sortie d'air était bouchée, la petite quantité d'air qui se trouvait à l'intérieur a pris de l'expansion et s'est refroidie. Quand on comprime un gaz, il devient chaud. Par contre, il refroidit en prenant de l'expansion. Le système de réfrigération d'une patinoire est basé sur ce principe : on prend la chaleur sous la glace et on la fait sortir du bâtiment. Dans les patinoires, on comprime de l'**ammoniac** qui se réchauffe, puis la chaleur est relâchée à l'extérieur. Ensuite, à l'intérieur, on fait prendre de l'expansion à l'ammoniac qui devient très froid, tout comme quand tu as tiré le piston de la pompe à vélo. L'ammoniac froid est utilisé pour refroidir un autre liquide, généralement une **saumure** ou de l'**éthylène glycol**. Ce liquide est envoyé au moyen d'une pompe dans les tuyaux situés dans le sol bétonné sous la glace afin qu'elle reste froide. Puis l'ammoniac est comprimé de nouveau. Il se réchauffe et le cycle recommence.

DES LIGNES BIEN NETTES

Tout le monde aime voir la Zamboni refaire la glace. Mais comment se fait-il que les lignes sur la glace ne s'effacent pas? Essayons de voir ce qui se passe quand tu peins sur de la glace.

Il te faut :

- 3 fiches cartonnées
- un petit pot de peinture au latex
- un cube de glace
- un petit contenant
- un réfrigérateur et un congélateur
- un contenant jetable résistant à l'eau, comme un contenant de margarine
- de l'eau
- un essuie-tout
- un pinceau

Marche à suivre :

1. Peins un petit cercle au centre de chacune des fiches.

2. Place un cube de glace dans le petit contenant étanche et peins le dessus du cube avec de la peinture au latex.

3. Place une fiche et le contenant avec la glace dans le congélateur.

4. Place la deuxième fiche dans le réfrigérateur.

5. Laisse sécher la troisième fiche pendant deux heures, à température ambiante, sans y toucher.

6. Au bout de deux heures, remplis le contenant jetable aux trois quarts avec de l'eau tiède. Trempe chaque fiche dans l'eau et observe ce qui arrive à la peinture. Essuie le dessus du cube de glace avec un essuie-tout sec.

QUE S'EST-IL PASSÉ?

Tu as pu peindre sur le cube de glace, mais la peinture s'est facilement enlevée avec un essuie-tout. Quand tu as trempé dans l'eau tiède les fiches qui étaient au congélateur et au réfrigérateur, la peinture s'est enlevée aussi. Toutefois, la peinture est restée sur la fiche qui avait séché à température ambiante. C'est parce que la peinture au latex sèche mal à des températures basses. Sur les patinoires, on utilise une peinture spéciale pour la glace qui durcit en séchant au froid. Les lignes restent donc bien nettes quand on pulvérise de l'eau dessus.

3 EFFET DE VITESSE

Crois-tu que le hockey est génial? Bien sûr! Et c'est ce que la LNH croit aussi puisqu'elle l'a baptisé « le jeu le plus génial sur Terre ». Or, il pourrait également être appelé le jeu le plus rapide. S'il était joué sur toute autre surface que la glace, le hockey ne serait pas aussi rapide. Pourquoi? Découvrons-le ensemble.

Il te faut :

- un adulte pour t'aider
- un élastique long et large
- une règle ayant un trou à une extrémité
- un petit bloc de bois d'environ 10 cm de long sur 10 cm de large et 5 cm de haut
- un clou de finition de 4 cm
- un marteau
- une planche d'environ 45 cm
- plusieurs livres
- du ruban-cache
- du papier d'aluminium
- du papier sablé
- un crayon
- du papier

8

Marche à suivre :

1. Enfile l'élastique dans le trou de la règle pour former une petite boucle, puis fais passer le bout le plus long de l'élastique dans cette petite boucle. Tire-le doucement pour attacher l'élastique à la règle.

2. Demande à un adulte de planter le clou sur un côté du bloc de bois sans l'enfoncer au complet. Demande à l'adulte de taper sur le côté du clou pour le recourber comme un crochet. Accroche ton élastique sur le crochet de façon à pouvoir tirer le bloc avec l'élastique.

3. Place un bout de la planche sur une pile de livres pour faire une rampe. Essaie de tirer le bloc vers le haut de la rampe à l'aide de l'élastique. Demande à ton assistant de mesurer avec la règle, la longueur de l'élastique lorsqu'il est tendu pour tirer le bloc vers le haut de la rampe, et inscris le résultat sur ton papier.

4. Recouvre la rampe de papier d'aluminium, en utilisant du ruban-cache au besoin pour le faire tenir en place. Essaie de tirer le bloc vers le haut de la rampe couverte de papier d'aluminium. Mesure la longueur de l'élastique et note le résultat.

5. Enlève le papier d'aluminium et recouvre la rampe de papier sablé (fais-le tenir avec du ruban-cache). Essaie de tirer le bloc vers le haut de la rampe. Mesure l'élastique et note le résultat. Sur quelle surface l'élastique s'est-il le plus étiré?

QUE S'EST-IL PASSÉ?

Quand le bloc glissait sur les surfaces de bois et d'aluminium, l'élastique s'étirait de la même façon, ce qui signifie qu'il faut environ la même **force** pour le faire. Cette force s'appelle la force de tension. Quand tu as fait glisser le bloc le long de la rampe recouverte de papier sablé, l'élastique s'est beaucoup plus étiré. Si tu avais construit une rampe couverte de glace, tu aurais trouvé que le bloc était beaucoup plus facile à tirer. C'est parce que la glace, le bois et l'aluminium créent moins de **friction** que le papier sablé. Et c'est pour cette raison que les joueurs peuvent se déplacer aussi vite sur la glace!

INFO-SCIENCE

La friction est une résistance au mouvement. Les surfaces qui, comme la glace, permettent aux objets de glisser créent peu de friction. Moins il y a de friction, moins il faut d'**énergie** pour se déplacer sur la surface.

4 GLACE RAPIDE, GLACE LENTE

Nous savons maintenant qu'il est plus facile de jouer au hockey sur de la glace que sur toutes autres surfaces, parce que la glace est lisse. Mais les glaces sont-elles toutes les mêmes? Quel effet cela fait-il de patiner sur la glace quand la Zamboni vient tout juste de passer? Qu'en est-il vers la fin de la première période? En fait, la température et les égratignures causées par les coups de patin sur la surface glacée changent l'état de la patinoire.

Il te faut :

- une plaque à biscuits (pouvant entrer dans le congélateur)
- de l'eau
- une tasse
- un congélateur
- un gros clou
- 2 pièces de 25 cents ou d'autres grosses pièces de monnaie

Marche à suivre :

1. Place une grande plaque à biscuits dans ton congélateur, bien à plat. Remplis-la d'eau à ras bord. Mets les pièces de monnaie dans le congélateur et laisse l'eau et les pièces refroidir toute une nuit.

2. Le lendemain, retire la plaque à biscuits du congélateur. Sers-toi du clou pour tracer une ligne sur toute la longueur de la glace pour la diviser en deux.

3. Sers-toi du clou pour rayer une moitié et laisse l'autre partie lisse. Avec tes doigts ou une spatule, enlève les petits morceaux de glace qui ont été projetés du côté lisse.

4. Sors une des pièces de monnaie du congélateur. Place-la à une extrémité de la section lisse de la glace et donne-lui une chiquenaude pour la faire glisser. Jusqu'où se rend-elle?

5. Sors la deuxième pièce de monnaie du congélateur. Place-la à une extrémité de la partie de la glace égratignée et donne une chiquenaude à cette pièce. Jusqu'où se rend-elle?

QUE S'EST-IL PASSÉ?

Tu as pu envoyer la pièce de monnaie plus loin sur la surface lisse de la glace que sur la surface égratignée. Quand tu as rayé la glace avec le clou, tu as créé de petites bosses sur la surface, ce qui a augmenté la friction entre la glace et la pièce de monnaie. Tu as peut-être remarqué que plus la pièce et la glace se réchauffaient, plus la vitesse diminuait. Une fine couche d'eau s'est créée sur la surface de la glace et a augmenté la friction entre la glace et la pièce de monnaie, ce qui a ralenti ou même arrêté la pièce sur la glace.

INFO-SCIENCE

As-tu déjà entendu dire que les joueurs de hockey préfèrent une « glace froide »? La glace n'est-elle pas toujours froide? Non. Dans les climats plus chauds, de l'air tiède peut pénétrer dans l'aréna quand les gens entrent et sortent et réchauffer la glace qui se raye plus facilement. Certaines patinoires canadiennes, comme Rexall Place, à Edmonton, en Alberta, sont reconnues pour leur glace qui permet un jeu rapide. Plus la glace est froide, plus elle est dure et plus le jeu est rapide. Et à Edmonton, il fait *vraiment* froid.

5 LE CHOIX DES LAMES

Peux-tu imaginer de quoi aurait l'air un joueur étoile de la LNH qui porterait des patins de figure (ou patins de patinage artistique) pendant une partie? En plus d'avoir l'air un peu déplacé, il trébucherait probablement sur les dents qui se trouvent à l'avant des lames. Quelle est donc la différence entre ces types de patins?

Il te faut :

- différents types de patins, comme des patins de figure, des patins de vitesse, des patins de hockey et des patins de gardien de but ou des images de ces patins
- une carte de bibliothèque ou tout autre carte plastifiée
- une grosse pièce de monnaie
- un tapis pelucheux
- un rapporteur

Marche à suivre :

1. Observe minutieusement les lames des différents types de patins. Compare la longueur des lames, leur courbe à l'avant et à l'arrière et regarde comment elles sont faites en dessous. Si tu n'as pas tous ces types de patins, tu peux regarder des images pour comparer la forme des lames ou te rendre à un magasin d'articles de sport qui vend différentes sortes de patins.

2. Tiens une carte plastifiée dans ta main et fais glisser le côté le plus long en ligne droite sur le tapis.

3. Essaie de faire glisser la carte en diagonale. Fais-lui faire de petites courbes en forme de S.

4. Utilise une grosse pièce de monnaie plutôt que la carte. Est-il plus facile de tourner et de glisser?

5. Utilise un rapporteur pour mesurer l'angle le plus aigu que la carte et la pièce de monnaie peuvent décrire sur le tapis.

QUE S'EST-IL PASSÉ?

Le côté long de la carte était plus difficile à faire tourner que la pièce de monnaie, mais plus facile à déplacer en ligne droite. La longueur et la courbe des lames changent selon le type de patins pour les mêmes raisons. Les patins de vitesse ont une longue lame droite qui permet au patineur de glisser rapidement sur la glace, mais pas de tourner ni de faire des pirouettes. Les patins de figure et de hockey ont une lame plus courte, recourbée ou légèrement arrondie, qui permet de prendre des tournants serrés, car il y a moins de contact avec la surface. Les dents à l'avant des lames de patins de figure servent à mordre dans la glace et à marcher vers l'avant. Les lames des patins de gardien de but sont légèrement plus plates et plus longues que celles des patins de hockey, ce qui offre un meilleur équilibre et facilite les déplacements latéraux.

INFO-SCIENCE

Des archéologues ont découvert que, il y a plus de 5 000 ans, nos ancêtres fabriquaient des patins avec des os d'animaux. Ces patins servaient au transport sur des surfaces glacées. Les scientifiques ont trouvé des patins en os à plusieurs endroits en Europe centrale et du Nord.

À EN PERDRE LA TÊTE

As-tu déjà été frappé par une rondelle? Ça fait mal. Peux-tu imaginer qu'à une certaine époque les joueurs de hockey *ne portaient pas* d'équipement de protection? Te protéger la tête, c'est particulièrement important pour prévenir de graves blessures, comme les **commotions cérébrales**. Même si à la fin des années 1920, certains joueurs de la LNH portaient déjà un casque, cette pièce d'équipement n'est devenue obligatoire qu'en 1979. Voyons comment un casque protège la tête.

Il te faut :

- de l'emballage à bulles
- 3 œufs crus
- du papier de soie
- du ruban-cache
- des ciseaux
- un petit contenant de plastique hermétique, un peu plus grand qu'un œuf
- du yogourt ou du pudding

Marche à suivre :

1. Enveloppe un œuf cru dans plusieurs épaisseurs d'emballage à bulles et sers-toi du ruban-cache pour maintenir l'emballage en place. Tu peux mettre autant d'épaisseurs que tu le veux. Sois délicat.

2. Enveloppe le deuxième œuf dans plusieurs épaisseurs de papier de soie et sers-toi du ruban-cache pour les maintenir en place.

3. Mets du yogourt ou du pudding dans un contenant, puis places-y le troisième œuf. Recouvre complètement l'œuf. Referme le contenant.

4. Trouve un endroit plat à l'extérieur. Tiens chaque œuf dans son « casque » à la hauteur de ta taille, puis laisse les tomber, un à la fois. Lequel a survécu à l'accident?

**Remarque : Lave-toi bien les mains après avoir manipulé les œufs crus.
Ne mange ni le yogourt ni le pudding.**

QUE S'EST-IL PASSÉ?

Tu as appris de quelle façon les différents matériaux protègent l'œuf. C'est le casque fait d'emballage à bulles qui a le mieux protégé l'œuf. Les bulles remplies d'air ont absorbé une partie du choc de la chute, comme un coussin le ferait. Les autres matériaux n'ont pas protégé tes œufs aussi bien parce qu'ils ont absorbé une moins grande partie de l'énergie créée par la chute. Les casques de hockey sont composés d'une coquille protectrice, et leur rembourrage en mousse, rempli de minuscules bulles d'air, agit de la même façon que l'emballage à bulles pour absorber le choc. Les bulles d'air absorbent le choc des chutes ou des collisions et réduisent les dommages qui peuvent être causés au cerveau. De plus, elles répartissent la force sur une plus grande surface, diminuant ainsi les risques de se fendre le crâne. Le casque réduit les risques de commotions cérébrales et de traumatismes crâniens, qui peuvent causer des lésions cérébrales à long terme, ou même la mort.

INFO-SCIENCE

Le premier gardien de but de la LNH à porter un masque de façon régulière a été Jacques Plante. Au début, le légendaire entraîneur de la LNH, Toe Blake, était réticent devant cette nouveauté. Cependant quand Plante a prouvé que non seulement il jouait de façon plus sécuritaire, mais aussi qu'il jouait mieux, le masque est devenu un élément de son équipement.

7 PLIER SANS CASSER

La partie est en prolongation et le temps file. Les Canucks affrontent Calgary. Daniel Sedin, des Canucks, se place devant le filet. Il intercepte une passe, se prépare à tirer et… son bâton se casse en deux. Les morceaux glissent sur la glace. Nous avons tous déjà vu une scène comme celle-là pendant un match. Était-ce un bâton de mauvaise qualité? Pourquoi cela arrive-t-il? Voyons ce que la science dit à ce sujet.

Il te faut :

- un assistant
- un mètre à mesurer
- une table ou une autre surface solide
- une petite pièce de monnaie

Marche à suivre :

1. Place le mètre sur la table et laisse-le dépasser de la table de 10 cm.

2. Demande à ton assistant de bien tenir le mètre en mettant une main sur la partie qui est sur la table.

3. Appuie légèrement sur le bout du mètre qui dépasse. Peux-tu le faire fléchir un peu?

4. Fais glisser le mètre pour qu'il dépasse de la table de 20 cm. Demande à ton assistant de bien tenir le mètre et essaie de le faire fléchir de nouveau. Refais cet essai à 30 cm et à 40 cm de la table. Que se passe-t-il quand une plus grande partie du mètre dépasse de la table?

5. Fais dépasser le mètre à mesurer de 30 cm de la table. Pendant que ton assistant tient le mètre en place, recourbe-le légèrement et place une pièce de monnaie tout au bout. Relâche la tension et observe la pièce de monnaie. Recommence, mais en recourbant encore plus le mètre. Observe jusqu'à quelle hauteur la pièce est projetée dans les airs. Fais attention de ne pas briser le mètre.

QUE S'EST-IL PASSÉ?

Plus le mètre en bois dépassait de la table, plus il était facile de le recourber, car le bois a une certaine souplesse. Lorsque tu as placé la pièce de monnaie sur le mètre, que tu l'as recourbé et que tu l'as relâché, le mètre a rebondi et a projeté la pièce dans les airs. En recourbant le mètre, tu lui permets d'emmagasiner de l'**énergie potentielle**. En le relâchant, tu libères cette énergie. Plus tu recourbes le mètre, plus il emmagasine de l'énergie, ce qui projette la pièce plus haut. Si tu exerces trop de force, le mètre se cassera en deux, parce que le bois n'a pas suffisamment de résistance à la traction (la quantité d'énergie nécessaire avant de briser le mètre). Les bâtons de hockey sont conçus pour être beaucoup plus résistants qu'un mètre à mesurer. Ils peuvent être faits en bois, mais de nos jours, on joue surtout avec des bâtons **composites** faits de couches de matériaux comme la fibre de verre, la fibre de carbone et le Kevlar.

INFO-SCIENCE

Les jeunes joueurs ne devraient pas utiliser les bâtons très rigides qu'utilisent les athlètes de haut niveau de la LNH. Si un bâton est trop rigide, il est difficile de le recourber, et les tirs sont plus faibles. De même, un bâton trop flexible se recourbera beaucoup, mais emmagasinera moins d'énergie. Plus un bâton est court, moins il est flexible; tu en as fait l'expérience en rétrécissant la partie flexible du mètre.

PASSE-MOI LE RUBAN!

Après avoir longtemps cherché et essayé de nombreux bâtons, tu choisis finalement celui qui te convient. Il est parfait, n'est-ce pas? Alors, pourquoi t'empresser d'y mettre du ruban adhésif? S'il faut réduire la friction (voir pages 8-9), le ruban ne va-t-il pas en créer davantage?

Il te faut :

- une règle en bois
- du ruban de hockey
- une rondelle de hockey
- un oreiller
- un plancher de bois ou une autre surface lisse

Marche à suivre :

1. Trouve une surface lisse et enlève tout ce qui s'y trouve pour t'assurer de ne rien heurter en faisant cette activité. Place un gros oreiller à environ 1,5 m de toi. Ce sera ton « filet ».

2. Place ta rondelle de hockey sur le plancher et, avec la règle, pousse la rondelle vers le filet. Est-il facile de contrôler la direction que prend la rondelle?

3. Recouvre la règle de ruban de hockey et refais l'étape 2. Trouves-tu qu'il est plus facile cette fois de contrôler la direction que prend la rondelle?

QUE S'EST-IL PASSÉ?

Dans certains cas, la friction est une bonne chose. Un joueur ne pourrait pas contrôler la rondelle et l'envoyer dans la direction souhaitée avec un bâton de hockey lisse. Il n'y a pas qu'au hockey que la friction est utile. Dans de nombreux sports, les joueurs se servent de la friction à leur avantage. Les gymnastes s'enduisent les mains de poudre de résine ou de magnésie pour mieux adhérer aux barres ou aux anneaux.

INFO-SCIENCE

À l'Université McGill de Montréal, au Québec, on trouve le Groupe de recherche sur le hockey sur glace. Les scientifiques utilisent les technologies les plus récentes pour étudier les matériaux utilisés dans la fabrication de l'équipement de hockey. Ils utilisent également des caméras à grande vitesse, des appareils de capture du mouvement en 3D et des senseurs spéciaux pour améliorer la façon de jouer au hockey.

LA RONDELLE S'ARRÊTE ICI

As-tu déjà remarqué que, dans un match de la LNH, la rondelle ne rebondit pas autant que quand toi tu joues? En quoi ces rondelles sont-elles différentes? Voyons voir.

Il te faut :

- plusieurs rondelles de hockey ou balles de caoutchouc
- un congélateur
- un séchoir à cheveux
- un mètre à mesurer en bois
- un ami
- une surface plate en ciment

Marche à suivre :

1. Place une des rondelles de hockey ou une des balles de caoutchouc dans le congélateur pendant au moins deux heures.

2. Sors la rondelle du congélateur. Tiens-la à l'extrémité d'un mètre à mesurer dont la base repose sur le sol. Laisse tomber la rondelle le long du mètre. Demande à un ami de noter, en se servant des marques sur le mètre, à quelle hauteur la rondelle a rebondi.

3. Refais la même expérience, mais en utilisant cette fois-ci la rondelle à la température ambiante. Jusqu'où rebondit-elle?

4. Utilise un séchoir à cheveux pour réchauffer une rondelle de hockey. Quand elle est chaude, laisse-la tomber à partir du même point et observe à quelle hauteur elle rebondit.

QUE S'EST-IL PASSÉ?

La rondelle congelée est celle qui a rebondi le moins haut, alors que la rondelle réchauffée est celle qui a rebondi le plus haut. Les rondelles de hockey sont faites de caoutchouc, un matériau qui est très **élastique**, ou souple. Quand elles encaissent un choc, elles emmagasinent de l'énergie, qui est ensuite libérée. Plus la rondelle est chaude, plus elle emmagasine de l'énergie. Quand la rondelle frappe le sol, elle se compresse, puis se détend en libérant son énergie emmagasinée. C'est ce qui fait qu'elle rebondit. Une rondelle chaude rebondira de façon imprévisible sur les bandes. C'est pour cette raison que la LNH met ses rondelles au congélateur avant les matchs!

10 COURSE DE RONDELLES

Plus tu frappes une rondelle de hockey fort, plus elle file vite sur la glace. Y a-t-il d'autres moyens de faire glisser une rondelle avec grande rapidité? C'est ce que nous allons voir.

Il te faut :

- une patinoire
- 3 rondelles de hockey
- 3 seaux ou grands bols
- de l'eau chaude
- de l'eau tiède
- de l'eau glacée
- une serviette
- un balai-brosse

Marche à suivre :

1. Mets une rondelle de hockey dans chacun des seaux. Verse de l'eau chaude dans le premier seau, de l'eau tiède dans le deuxième et de l'eau glacée dans le troisième. Laisse les rondelles dans les seaux pendant quelques minutes pour qu'elles soient à la même température que l'eau.

2. Trouve une ligne sur la patinoire qui te servira de ligne de départ. Essuie les rondelles avec une serviette et place-les côte à côte sur la ligne de départ. Souviens-toi de quel seau provient chaque rondelle!

3. Avec le balai-brosse, pousse les trois rondelles en même temps sur la glace. Arrête de pousser et note jusqu'où se rend chacune des rondelles. Laquelle s'est rendue le plus loin?

QUE S'EST-IL PASSÉ?

Après avoir poussé les rondelles sur la glace, tu as remarqué que la rondelle la plus froide s'est rendue plus loin que les rondelles plus chaudes. Non seulement une rondelle refroidie rebondit-elle moins (voir « La rondelle s'arrête ici », p. 20), mais elle glisse également mieux sur la glace. Les rondelles plus chaudes peuvent faire fondre la glace sur leur trajectoire. L'humidité ainsi créée augmente la friction entre la surface de la glace et celle de la rondelle, ce qui ralentit la rondelle.

11 PLUS GROS QUE NATURE

Dans le roman bien connu de Lewis Carroll, *Alice au pays des merveilles*, Alice n'avait qu'à boire un liquide spécial pour grandir. Le gardien de but, lui, n'a pas la possibilité de boire une potion magique qui le rendra plus imposant. D'après toi, quels conseils un entraîneur peut-il donner à un gardien de but pour obtenir le même effet?

Il te faut :

- un assistant
- du papier de bricolage
- une fiche cartonnée
- un crayon ou un stylo

- des ciseaux
- une règle
- du ruban-cache
- un vaporisateur d'eau

Marche à suivre :

1. Trace un carré de 6 cm x 6 cm sur la fiche. Sers-toi des ciseaux pour découper le carré. C'est ton « gardien de but ».

2. Trace un carré de 7,5 cm x 7,5 cm au milieu d'un papier de bricolage. C'est ton « filet ». Utilise le ruban-cache pour coller le papier de bricolage sur un mur, dehors.

3. Remplis un vaporisateur d'eau. Place-toi à environ 1 m du mur, face au papier qui représente ton « filet ». Demande à ton assistant de tenir la fiche cartonnée, ton « gardien de but », directement devant le vaporisateur, le plus près possible de toi. Essaie d'asperger le filet. Toute l'eau devrait aller sur la fiche et non sur le papier.

4. Demande à ton assistant de déplacer graduellement ton gardien vers le filet pendant que tu continues à vaporiser, jusqu'à ce que l'eau atteigne le filet. Inscris la distance entre la fiche et le filet et entre la fiche et le vaporisateur.

5. Demande à ton assistant de tenir la fiche directement devant le filet, pendant que tu vaporises. Observe quelle quantité d'eau frappe l'intérieur du filet.

QUE S'EST-IL PASSÉ?

Tu as probablement pu asperger le filet d'eau lorsque le gardien en était proche. Mais c'était plus difficile de « compter un but » quand le gardien était plus éloigné. C'est ce que font les gardiens. Ils essaient d'avoir l'air plus imposants en s'éloignant du filet. On appelle cela le **télescopage**. Ce procédé permet au gardien de but de réduire le nombre d'angles qu'un joueur adverse a pour tirer dans le filet. Idéalement, le gardien de but devrait se tenir à mi-chemin entre le filet et le joueur qui tire au but. Pourquoi les gardiens de but restent-ils près du filet alors? Comme il y a beaucoup de joueurs sur la glace, le gardien risquerait d'être mal placé pour bloquer le tir d'un autre joueur qui reçoit une passe rapide.

INFO-SCIENCE

La Ligue nationale de hockey cherche toujours des façons d'améliorer le jeu pour les joueurs, les arbitres et les partisans. En 2011, la Ligue a organisé un camp de recherche et de développement de deux jours pour évaluer de nouveaux règlements et certaines nouvelles technologies. Pendant les matchs d'avant-saison de 2011, certaines de ces idées ont été testées, comme un but avec un dessus en plastique transparent pour permettre de voir facilement si la rondelle a franchi la ligne de but.

12 PAR ICI LE BALLON

La force du bas du corps est importante pour aller rapidement d'un bout à l'autre de la patinoire, mais les joueurs de hockey ont également besoin de beaucoup de force dans le haut du corps pour tirer au but, faire des mises en échec et repousser les mises en échec musclées de leurs adversaires. Y a-t-il une façon de mesurer la force du haut du corps d'un joueur sans utiliser d'haltères?

Il te faut :

- un assistant
- un ballon lourd ou un gros sac de riz
- un ruban à mesurer
- un grand espace plat, dehors
- un mur

Marche à suivre :

1. Assieds-toi contre un mur de façon à ce que tes épaules, ta tête et tes hanches touchent le mur. Tes jambes doivent être allongées devant toi. Écarte légèrement les jambes pour qu'elles forment un V. Reste dans cette position.

2. Demande à ton assistant de te donner le ballon ou le sac de riz. Tiens-le dans tes mains et place tes bras de façon à ce qu'ils soient parallèles au sol et que tes coudes pointent vers l'extérieur. Tes mains ne doivent pas pointer vers ton corps. Assure-toi qu'elles sont placées juste au-dessus de ta poitrine, mais moins haut que ton cou. Garde tes épaules basses.

3. Inspire profondément et, avec la seule force de tes bras et de tes mains, lance le ballon ou le sac de riz. Ne décolle ni ton dos ni tes hanches du mur.

4. Demande à ton assistant de mesurer la distance entre le mur et le point où l'objet a touché le sol.

5. Lance encore trois ou quatre fois. En t'exerçant un peu, es-tu capable d'envoyer l'objet plus loin?

6. Recommence l'activité, mais cette fois-ci, lance l'objet en bougeant ton corps, c'est-à-dire que tu peux avancer ton corps, tes épaules et ta tête. As-tu lancé l'objet plus loin?

QUE S'EST-IL PASSÉ?

Le ballon (ou le sac de riz) s'est rendu plus loin quand tu l'as lancé en bougeant ton corps, car tu t'es servi des muscles de ton dos et de ton ventre en plus des muscles de tes bras et de tes épaules. C'était plus difficile de lancer le ballon très loin quand tu utilisais seulement les muscles de tes bras. Quand tu as utilisé plus de muscles pour lancer le ballon, tu l'as lancé plus loin parce que tu avais plus de puissance musculaire. Cela signifie que tu peux exercer une plus grande force, ou poussée, en lançant le ballon. La **puissance** est importante dans les mouvements rapides qui demandent de la force, comme lancer un ballon ou bloquer un tir.

INFO-SCIENCE

Tu sais probablement comment mesurer ta taille et ton poids, mais sais-tu comment mesurer ton **envergure**? Place tes bras de chaque côté de ton corps, parallèles au sol et étire-les le plus possible. Demande à ton assistant de mesurer la distance entre le bout de tes doigts, d'une main à l'autre. L'envergure de la plupart des gens est équivalente à leur taille. Les joueurs d'élite de la LNH peuvent avoir une envergure de plus de deux mètres. Une personne qui a une grande envergure par rapport à sa taille aura plus de facilité à s'emparer de la rondelle.

SAUT SUR GLACE

Comme tu le sais sûrement, les joueurs de basketball doivent pouvoir sauter très haut, mais les joueurs de hockey, eux, doivent-ils être de bons sauteurs? Eh oui, aussi étrange que cela puisse paraître, la LNH fait passer aux joueurs un test de saut en hauteur. On s'attendrait plutôt à voir cela sur un terrain de basketball.

Il te faut :

- un adulte pour t'aider
- de la craie
- un mur de briques
- une surface plate
- un ruban à mesurer

Marche à suivre :

1. Enduis de craie le bout des doigts d'une de tes mains. Tiens-toi debout près du mur de briques, les épaules bien droites, puis lève la main et touche le mur avec tes doigts. Fais une marque à la craie sur le point le plus haut que tu as pu toucher. À l'aide d'un ruban à mesurer, mesure la distance entre cette marque et le sol. Tu obtiens ta taille le bras levé.

2. Enduis encore tes doigts de craie. Cette fois, tiens-toi près du mur et plie légèrement les genoux, attends quelques secondes, puis saute haut et touche le mur avec tes doigts pour laisser une marque. Quelle est la hauteur de ton saut? Mesure la distance entre cette marque et le sol, et soustrais ta taille le bras levé de ce total. Tu obtiens la mesure de ton **saut statique**.

3. Recommence, mais cette fois, accroupis-toi complètement et, sans attendre, élance-toi vers le haut et touche le mur. À quelle hauteur as-tu sauté cette fois-ci? Mesure ton saut à l'aide d'un ruban à mesurer. Soustrais ta taille le bras levé de ce total. Tu obtiens la hauteur de ton saut en **contre-mouvement**.

4. Continue à t'exercer à faire ces deux types de sauts et observe tes progrès avec le temps. Essaie de baisser les bras quand tu t'accroupis, puis de les projeter vers le haut quand tu sautes. Peux-tu sauter encore plus haut?

QUE S'EST-IL PASSÉ?

Tu as sauté plus haut quand tu ne t'es pas arrêté avant de sauter. Quand tu te prépares à sauter, tu emmagasines de l'**énergie élastique** dans tes muscles. Cette énergie se libère quand tu sautes. C'est un peu comme un ressort que l'on compresse et que l'on relâche. Le fait de pouvoir sauter haut est une qualité recherchée par la LNH. Les joueurs qui souhaitent faire partie de la ligue font un test semblable, mais ils utilisent une machine plutôt que d'enduire leurs doigts de craie. Ils ont droit à trois essais, et on note leur meilleur résultat.

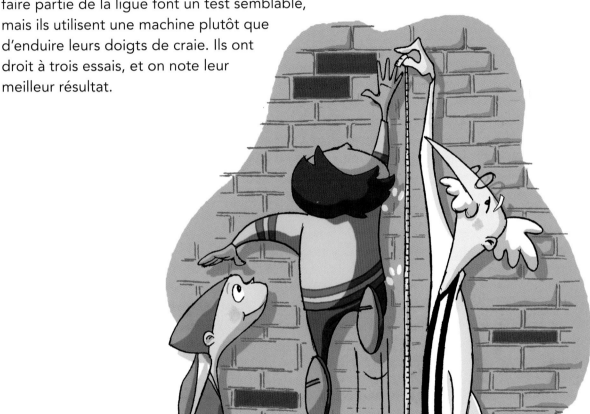

INFO-SCIENCE

La puissance est la mesure de l'énergie qui peut être déployée en un temps précis. La **puissance de crête** d'un athlète se mesure en watts par kilogramme. Pour calculer ta puissance, tu peux te servir de la formule de Sayers. Multiplie la hauteur de ton saut en centimètres par 60,7. Ensuite, multiplie ton poids en kilogrammes par 45,3. Additionne ces deux chiffres, puis ajoute 2 055 au total. Tu obtiens ta puissance de crête en watts. Si tu divises ce chiffre par ton poids en kilogrammes, tu obtiens ta puissance de crête en watts par kilogramme.

14 ÉLANCE-TOI

Tu as réussi une échappée! Comment peux-tu être sûr que les autres ne te rattraperont pas? Crois-le ou non, des exercices de saut pourraient t'aider!

Il te faut :

- un assistant
- un ruban à mesurer
- de la craie
- une surface plate

Marche à suivre :

1. Trouve un endroit plat à l'extérieur et, avec la craie, trace une ligne par terre. Ce sera le point de départ de ton saut.

2. Place tes orteils derrière la ligne, plie légèrement les genoux, attends quelques secondes, puis saute le plus loin possible. Tu dois retomber sur tes deux pieds. Si tu tombes en arrière, le saut ne compte pas. Demande à ton assistant de mesurer la longueur de ton saut. Tu obtiens ainsi la longueur de ton saut statique.

3. Recommence : place tes orteils derrière la ligne, mais cette fois accroupis-toi et élance-toi immédiatement. Demande à ton assistant de mesurer la longueur de ton saut. Tu obtiens la longueur de ton saut en contre-mouvement.

4. Exerce-toi pour voir si tu peux t'améliorer.

QUE S'EST-IL PASSÉ?

Tu as probablement constaté que ton saut en contre-mouvement était plus long que ton saut statique. Comme dans le cas de l'expérience « Saut sur glace » (p. 26-27), l'énergie élastique emmagasinée dans tes muscles t'a permis de sauter plus loin. Pour jouer dans la LNH, tu dois pouvoir sauter haut, mais aussi sauter loin. En effet, les joueurs de la LNH peuvent faire des sauts en longueur de plus de trois mètres!

15 UN SAUT DE CÔTÉ?

Tu sais maintenant que les joueurs doivent sauter haut et loin, mais doivent-ils aussi sauter de côté? Si tu as déjà regardé un match de hockey, tu sais que les joueurs ne patinent pas toujours en ligne droite. Ils doivent aussi se déplacer rapidement d'un côté ou de l'autre pour éviter un adversaire ou garder la maîtrise de la rondelle. Mais où est la science dans tout ça?

Il te faut :

- une surface plate
- de la craie
- un ruban à mesurer

Marche à suivre :

1. Trouve un endroit bien plat dehors et trace une ligne à la craie par terre.

2. Place le côté intérieur de ton pied gauche le long de la ligne. Lève le pied droit. Quand tu es prêt, saute le plus loin possible vers la droite. Tu dois retomber sur le pied droit. Marque à la craie l'endroit où le bord intérieur de ton pied droit a atterri. Mesure la distance entre la ligne de départ et cette marque.

3. Recommence en plaçant cette fois ton pied droit le long de la ligne et en sautant vers la gauche. Sautes-tu plus loin du côté droit ou du côté gauche?

QUE S'EST-IL PASSÉ?

La plupart des gens sautent plus loin d'un côté que de l'autre. Tu as probablement obtenu des résultats différents selon que tu sautes sur ton pied droit ou sur ton pied gauche. Comme la réception d'un saut de côté est plus difficile que celle d'un saut en longueur, tu as sûrement sauté moins loin de côté. Pour un saut comme celui-là, tu utilises principalement tes **fibres musculaires à contraction rapide.** Ces fibres sont comme une longue série de cellules toutes interreliées. Ce sont les fibres à contraction rapide qui donnent aux athlètes leur poussée de puissance, et ce sont celles que ton corps utilise le plus quand tu fais un sprint ou que tu joues au hockey. La course de fond, sur longues distances, fait surtout appel à tes **fibres musculaires à contraction lente.**

16 EN ÉQUILIBRE

Se tenir sur un pied peut sembler bien plus simple que ce ne l'est en réalité. Évidemment, pour un joueur de hockey, le sens de l'équilibre ou la capacité de se tenir debout sur des patins est une qualité très importante. L'exercice qui suit t'aidera sûrement à rester bien solide sur tes patins.

Il te faut :

- un assistant
- un gros coussin ou un oreiller
- un chronomètre

Marche à suivre :

1. Place-toi à un endroit dégagé, loin des meubles ou des fenêtres. Tiens-toi en équilibre sur un pied en soulevant juste un peu l'autre pied. À l'aide d'un chronomètre, calcule combien de temps tu peux rester en équilibre sur un pied.

2. Recommence, mais cette fois, ferme les yeux une fois que tu es bien en équilibre sur un pied. Demande à ton assistant de mettre le chronomètre en marche une fois que tu as les yeux fermés. Calcule ainsi combien de temps tu peux rester en équilibre sur un pied les yeux fermés.

3. Recommence, mais cette fois, essaie de te tenir en équilibre sur un coussin ou un oreiller que tu auras posé sur le sol. Cette fois, combien de temps peux-tu rester sur un pied les yeux fermés?

QUE S'EST-IL PASSÉ?

Ce n'est pas si facile de se tenir sur un pied. Tu es bien plus stable quand tu te tiens sur tes deux pieds. Si tu écartes un peu les pieds et que tu plies les genoux, tu es encore plus stable. Il est aussi plus facile de garder l'équilibre les yeux ouverts que les yeux fermés. Regarder l'horizon t'aide à garder l'équilibre. Le coussin mou offre une surface instable qui tend à te déstabiliser d'en avant en arrière et latéralement, c'est pourquoi tu devais constamment bouger un peu pour rester en équilibre. Ainsi, ton corps a fait appel à de nombreux muscles afin de rester en équilibre. C'est ce que l'on appelle la loi du « tout ou rien ». Si tu t'exerces, ton corps finira par savoir quels sont les muscles qu'il faut contracter, et l'exercice te semblera de plus en plus facile. Les joueurs de hockey se servent de ballons spéciaux ou de planches d'équilibre pour s'exercer et améliorer leur équilibre.

INFO-SCIENCE

Le centre de l'équilibre est situé dans l'oreille interne où se retrouvent trois petits tubes que l'on appelle les canaux semi-circulaires. Ces canaux sont équipés de **nerfs** minuscules aussi fins que des cheveux, qui sont remplis de liquide. Quand ton corps change de position, ces nerfs sont activés et envoient un message à ton cerveau, lui indiquant quelle est la position de ton corps dans l'espace. Si tu as une otite, tu peux avoir des problèmes d'équilibre.

SERPENTS ET ÉCHELLES

Qu'ont en commun le hockey et la marelle? L'idée d'un athlète costaud et musclé en train de jouer à la marelle au terrain de jeux te fait peut-être rire, mais attention : le prochain exercice requiert un jeu de jambes élaboré, de la rapidité et de la concentration.

Il te faut :

- un assistant
- de la craie
- un trottoir
- un chronomètre

Marche à suivre :

1. Prends une craie et trace un rectangle d'environ 45 cm x 450 cm sur le trottoir. Divise-le en 10 carrés égaux de 45 cm x 45 cm, et numérote les carrés de 1 à 10.

2. Tiens-toi à gauche du carré 1. Place ton pied droit dans le carré 1, puis ton pied gauche dans le carré 1.

3. Place ton pied droit à droite du carré 1, puis ton pied gauche dans le carré 2.

4. Amène ton pied droit dans le carré 2, puis sors ton pied gauche à gauche du carré.

5. Place ton pied droit dans le carré 3, puis aussi ton pied gauche, dans le carré 3.

6. Continue de la même façon jusqu'au carré 10 : un pied à l'extérieur, un pied dans le carré, puis les deux pieds ensemble.

7. Quand tu comprends bien le jeu de pieds, essaie d'aller le plus vite possible et demande à ton assistant de te chronométrer pour savoir combien de temps il te faut pour parcourir les 10 carrés aller-retour.

8. Maintenant, la partie amusante : quand tu maîtrises très bien l'exercice, demande à ton assistant de courir à côté de toi pendant que tu parcours les carrés. Il doit faire du bruit, taper des mains, crier et faire tout ce qu'il peut pour te distraire. En combien de temps parcourras-tu les 10 carrés pendant que ton assistant tente de te déconcentrer?

QUE S'EST-IL PASSÉ?

Pour réussir le parcours, il t'a fallu du temps et de la concentration. Tu as eu plus de difficulté à faire le trajet quand ton ami essayait de te distraire. Quand tu te concentres, tu utilises une partie de ton cerveau située près du front qui s'appelle le **cortex préfrontal**. Parfois, tu te concentres si fort que tu n'as plus conscience de ce qui se passe autour de toi. Mais d'autres fois, quelque chose détourne ton attention et te fait perdre ta concentration. Même si tu essaies de te concentrer à nouveau, cette fraction de seconde peut suffire à t'empêcher de faire le trajet aussi vite. Les joueurs de hockey doivent se concentrer sur le match et apprendre à ne pas se laisser distraire facilement.

10 À VOS MARQUES... PRÊTS?

Tu penses peut-être que tu es en grande forme physique, mais comment te compares-tu à un joueur de la LNH? Évidemment, un joueur professionnel de hockey patine probablement plus vite que toi, mais il n'y a pas que la vitesse sur deux lames qui compte.

Il te faut :

- un assistant
- une piste de course
- un chronomètre
- une pomme (facultatif)
- une calculatrice
- une bouteille d'eau

Marche à suivre :

1. Rends-toi à une piste de course, par exemple à l'école ou dans un parc. La piste doit être circulaire et mesurer 400 m.

2. Avant de courir, mange quelques bouchées de pomme ou d'un autre fruit pour te donner de l'énergie et bois un petit verre d'eau. Garde une bouteille d'eau à portée de la main.

3. Quand tu es prêt, demande à ton assistant de donner le signal de départ et de mettre le chronomètre en marche. Calcule la distance que tu peux courir en exactement 12 minutes.

4. Inscris la distance que tu as parcourue, en mètres. Soustrais 505 de cette distance. Divise le total par 45. Le chiffre que tu obtiens te donne une idée de ta forme physique ou de ta consommation maximale d'oxygène (VO_2 max), exprimée en millilitres par kilogramme par minute (ml/kg/min).

QUE S'EST-IL PASSÉ?

Tu as probablement parcouru une distance importante en 12 minutes. L'exercice que tu viens de faire s'appelle le test de Cooper, et c'est une façon de mesurer la forme physique. Les calculs que tu as faits te donnent une approximation de ton **VO_2 max.** Le VO_2 max mesure la capacité de ton corps à utiliser l'oxygène quand tu fais de l'exercice. Il permet à un entraîneur de connaître ta forme physique. Un joueur de la LNH choisi au repêchage obtiendra un résultat d'environ 56 ml/kg/min, ce qui signifie que s'il faisait ce test, il parcourrait environ 3 000 mètres en 12 minutes à la course. Évidemment, tu ne dois pas te comparer à un athlète de la LNH, mais plutôt à une personne de ton âge.

INFO-SCIENCE

Quand tu fais de l'exercice, le sucre contenu dans ton sang se transforme en acide lactique, un composé chimique. Quand l'**acide lactique** commence à s'accumuler dans tes muscles, tu commences à avoir du mal à poursuivre ton activité physique avec la même intensité. Et si tu laisses l'acide lactique s'accumuler, tu auras sûrement des douleurs musculaires le lendemain. L'acide lactique n'a pas le même effet sur tous les types de **fibres musculaires** (voir à la page 29). Les joueurs de hockey, des athlètes qui utilisent surtout leurs fibres musculaires à contraction rapide pour donner une poussée de vitesse rapide ont besoin de repos et de pauses pour donner le meilleur d'eux-mêmes. C'est pourquoi ils se relaient. Les fibres musculaires à contraction lente n'entraînent pas l'accumulation d'acide lactique; en fait, elles utilisent cet acide.

19 DE BONS RÉFLEXES

T'es-tu déjà demandé comment font les gardiens de but pour attraper une rondelle qui arrive à la vitesse de l'éclair? De tous les joueurs d'une équipe de hockey, les gardiens sont ceux qui doivent avoir les réflexes les mieux aiguisés. Comment un gardien peut-il placer son corps et tout son équipement exactement au bon endroit et au bon moment pour attraper un tout petit objet qui file à plus de 150 km/h? Et toi, as-tu de bons réflexes?

Il te faut :

- une personne pour t'aider
- une longue règle ou un mètre en bois
- une table
- un casque de hockey ou de gardien (facultatif)

Marche à suivre :

1. Assieds-toi à une table, l'avant-bras à plat et la main dépassant du bord à la verticale, le pouce vers le haut et écarté de tes doigts de 3 cm.

2. Demande à la personne qui t'aide de tenir le mètre parallèlement à ta main, de façon à ce que la marque du zéro arrive juste au niveau de tes doigts. Tu ne dois pas toucher ni tenir le mètre.

3. Demande à la personne qui t'aide de lâcher le mètre quand elle est prête. Attrape le mètre en le pinçant avec tes doigts. Ne le serre pas avec toute ta main.

4. Inscris l'endroit où tes doigts ont saisi le mètre. Utilise le tableau ci-dessous pour connaître ton **temps de réaction**.

5. Si tu possèdes un casque équipé d'une visière ou d'une grille, enfile-le et refais l'exercice. Est-ce que ton temps de réaction a changé?

QUE S'EST-IL PASSÉ?

Tu réagis peut-être très vite, mais bien des choses se produisent pendant ce bref instant. D'abord, des cellules détectant la lumière, qui se trouvent derrière tes yeux, envoient un message chimique par les **nerfs optiques** à ton cerveau. Les cellules du **cortex moteur** de ton cerveau envoient un message électrochimique. Ce message passe par une série de nerfs dans ta moelle épinière pour se rendre jusqu'aux **nerfs moteurs** attachés aux muscles de ta main. Ces nerfs commandent aux muscles de ta main de se contracter pour que tu attrapes le mètre. Tu peux utiliser la distance franchie par le mètre pour calculer ton temps de réaction (voir le tableau ci-dessous). Ta rapidité dépend de nombreux facteurs, dont ton état de santé, ton âge et ton degré de fatigue. Refais l'exercice trois ou quatre fois pour voir si tu peux améliorer ton temps de réaction.

Distance parcourue par la règle	Temps de réaction
5 cm	0,10 seconde
8 cm	0,12 seconde
10 cm	0,14 seconde
13 cm	0,16 seconde
15 cm	0,18 seconde
18 cm	0,19 seconde
20 cm	0,20 seconde
23 cm	0,21 seconde
25 cm	0,23 seconde
28 cm	0,24 seconde
30 cm	0,25 seconde

UN TRIO RAPIDE

Dans « De bons réflexes » (pages 36-37), tu as mesuré ton temps de réaction. Mais au hockey, il ne suffit pas de réagir rapidement; il faut aussi se déplacer rapidement. À ton avis, comment les joueurs de hockey s'entraînent-ils pour avoir de bons réflexes et pour se déplacer plus rapidement?

Il te faut :

- 2 amis
- 2 balles de tennis
- une craie
- un endroit dégagé avec une surface en béton ou en bois

Marche à suivre :

1. Tiens une balle de tennis dans chaque main et lève les bras de chaque côté de ton corps. Tes bras et ton corps doivent former un « T ».

2. Trace une ligne sur le sol à environ 3 m de toi. Demande à deux amis de se placer chacun devant une balle, derrière la ligne. En étirant les bras, ils devraient pouvoir se toucher.

3. Assure-toi qu'ils sont bien en face de toi, puis demande-leur de se coucher par terre à plat ventre, les paumes sur le sol près de la poitrine, les bras repliés.

4. Attends quelques secondes, puis laisse tomber une des balles de tennis sur le sol. Si tu lâches la balle qui est dans ta main droite, l'ami qui se trouve à ta droite doit courir et essayer de l'attraper avant qu'elle ne touche le sol une deuxième fois. Si tu lâches la balle qui est dans ta main gauche, c'est l'ami qui est à ta gauche qui doit courir pour attraper la balle.

5. Répète l'exercice plusieurs fois. Si tes amis ont de la difficulté à attraper la balle à temps, tu peux te rapprocher d'eux.

6. Une fois que tes amis réussissent à attraper la balle qui est du même côté qu'eux, modifie l'exercice et demande à l'ami qui se trouve à ta droite d'attraper la balle qui est à ta gauche, et vice versa.

7. Une fois que tes deux amis sont capables d'attraper la balle, recule d'un grand pas et observe ce qu'ils sont capables de faire quand la distance est plus grande.

8. Remplace tes amis pour voir si toi aussi, tu réussis à attraper la balle.

QUE S'EST-IL PASSÉ?

Dans cette expérience, tu utilises les régions du cerveau responsables de la vision et de la motricité, de même que tes muscles. Si tes amis ont parfois eu de la difficulté à attraper la balle avant le deuxième rebond, c'est parce qu'il faut un certain temps pour que le message soit acheminé des yeux au cerveau, que le cerveau traite l'information et que le message sensoriel soit renvoyé aux muscles. Il faut aussi du temps pour se mettre debout et s'élancer. L'exercice est encore plus difficile à réussir quand la balle tombe du côté opposé de la personne. Avec un peu de pratique, on peut toutefois s'améliorer. Au hockey, une bonne coordination œil-main est importante. Les joueurs de hockey n'ont qu'une fraction de seconde pour repérer où se trouve la rondelle et s'y rendre, ou pour tirer au but. Plus ils sont rapides pour coordonner leurs mouvements avec ce qu'ils voient, meilleurs ils sont.

VU SOUS CET ANGLE…

« Un bon joueur de hockey joue là où se trouve la rondelle. Un grand joueur de hockey joue là où s'en va la rondelle. » Ce sont les paroles de Wayne Gretzky, une légende du hockey. Savoir où s'en va la rondelle offre un avantage important. Mais la surface de la patinoire n'est pas parfaitement lisse. La rondelle peut entrer en collision avec des bâtons, des patins ou la bande. Elle se déplace donc sur la glace de façon imprévisible; elle change complètement de direction à cause de légères variations de son angle ou de sa vitesse, ou encore de la surface de la glace. Comment t'y prendrais-tu pour prédire où la rondelle rebondira?

Il te faut :

- un assistant
- une surface dure (en asphalte ou en béton) avec un mur sans fenêtres
- de la craie à trottoir
- un mètre en bois
- un rapporteur
- de la ficelle
- des balles de tennis

Marche à suivre :

1. À l'aide du mètre et du rapporteur, trace une ligne droite d'environ 3 m formant un angle de 90 degrés avec le mur. Ce sera ta ligne de base.

2. Tiens-toi au bout de la ligne et fais rouler une balle de tennis le long de la ligne jusqu'au mur. Observe-la bien rebondir sur le mur. Recommence, mais cette fois, fais rouler la balle plus vite. Que se passe-t-il?

3. À partir du mur et du même endroit que ta ligne de base, trace une ligne droite d'environ 3 m à un angle de 45 degrés.

4. Tiens-toi au bout de cette ligne et fais rouler une balle le long de la ligne jusqu'au mur. Observe bien son mouvement quand elle frappe le mur et rebondit.

5. Demande à ton assistant de tenir le bout de la ficelle à l'endroit où la balle a touché le mur. Prends l'autre bout de la ficelle et place-le là où la balle a terminé sa course. À l'aide du rapporteur d'angles, calcule l'angle de la ficelle avec le mur.

6. Une fois que tu as essayé de faire rebondir la balle à un angle de 45 degrés, essaie d'autres angles, plus petits ou plus grands, pour observer la direction que prend la balle.

QUE S'EST-IL PASSÉ?

Plus tu fais rouler la balle avec force vers le mur, plus elle va loin. La quantité d'**énergie cinétique** d'un objet en mouvement ne change pas quand l'objet frappe une surface. Quand la balle frappe le mur à un angle réduit, elle rebondit aussi à un angle réduit. De la même façon, quand l'angle de tir est grand, la balle rebondit à un grand angle. Qu'est-ce que cela signifie pour un joueur de hockey? On dit souvent que la bande autour de la patinoire peut servir de coéquipier aux joueurs. Quand tu envoies la rondelle vers la bande, elle rebondit selon un angle particulier. L'angle de rebond est à peu près le même que l'angle auquel elle a frappé la bande. Les bons joueurs de hockey savent exactement à quel angle ils veulent que la rondelle rebondisse, et ils l'envoient donc exactement au bon endroit sur la bande. Ce que tu croyais être un jeu intelligent est en fait un exercice de maths sur deux lames!

QUELLE ODEUR!

Quand on pratique un sport, plus particulièrement le hockey, c'est normal de transpirer beaucoup. Quand tu es trempé de sueur, tu ne sens pas la rose! Une bonne douche peut t'aider, mais ton équipement, lui, demeure imprégné de **bactéries**. Si l'odeur que dégage ton sac de hockey fait décoller la peinture des murs, essaie cet exercice.

Il te faut :

- un adulte pour t'aider
- 3 tranches de pain
- des sacs en plastique refermables
- de l'eau
- un réfrigérateur
- un grille-pain
- une assiette

Marche à suivre :

1. Vaporise un peu d'eau sur une tranche de pain, puis place-la dans un sac de plastique et referme le sac. Place le sac à un endroit chaud, par exemple devant une fenêtre ensoleillée, et n'y touche plus pendant une semaine.

2. Place une deuxième tranche de pain dans un sac de plastique et referme le sac. Mets ce sac dans le réfrigérateur.

3. Demande à un adulte de faire griller légèrement la troisième tranche de pain et dépose-la dans une assiette, sur le comptoir.

4. Après une semaine, observe les trois tranches de pain. Sur laquelle y a-t-il de la moisissure?

QUE S'EST-IL PASSÉ?

Le pain qui se trouvait dans le réfrigérateur et le pain grillé n'ont pas moisi. Cependant, de la moisissure s'est formée sur le pain qui était humide et avait été placé à un endroit chaud. C'est ce qui se passe dans ton sac de hockey. Les bactéries, la moisissure et d'autres types de **champignons** aiment les milieux chauds et humides. Quand tu transpires, la sueur qui est sur ta peau imbibe tes vêtements et ton équipement. Si tu ranges ensuite ton équipement dans un sac et que tu refermes le sac, tu offres aux bactéries, aux moisissures ou aux spores de champignon les conditions idéales pour se reproduire. L'odeur que dégage ton sac est tout simplement l'odeur de l'action chimique des **microbes** qui se multiplient et se décomposent.

INFO-SCIENCE

Pour éviter que ton équipement sente mauvais, tu peux, par exemple, le faire sécher avant de le ranger. Nettoie ton équipement avec un produit antibactérien et assèche-le à l'aide d'un séchoir à cheveux. Ne range pas ton équipement dans un sac; suspends-le plutôt dans un endroit frais pour l'aérer. Le garage est un endroit idéal. Enfin, tu peux placer dans ton sac ou ton casier du charbon, des cendres volcaniques ou un autre produit qui absorbe les odeurs.

UNE SAINE ALIMENTATION

Pour être forts et en santé, les joueurs de hockey doivent consommer la bonne combinaison d'aliments pour eux. Les équipes sportives emploient des nutritionnistes qui aident les joueurs à choisir ce qu'ils devraient manger. Les joueurs doivent choisir les nutriments et les minéraux dont ils ont besoin, notamment du calcium pour avoir des os solides. Cette expérience démontre comment le calcium agit sur les os.

Il te faut :

- 2 os de poulet de même taille prélevés sur un poulet cuit
- 2 contenants de verre avec couvercle, assez gros pour contenir un os de poulet
- des étiquettes
- du vinaigre
- de l'eau

Remarque : Il peut y avoir des bactéries sur le poulet. Assure-toi donc de bien laver tes mains et ta surface de travail avec une eau tiède savonneuse après l'expérience.

Marche à suivre :

1. Nettoie les os pour enlever toute la viande. Choisis des os ayant la même taille et la même forme.

2. Place chaque os dans un pot. Remplis le premier pot de vinaigre et ferme le couvercle. Écris le mot « vinaigre » sur une étiquette et colle-la sur le pot. Remplis le deuxième pot avec de l'eau, ferme-le, et place une étiquette sur laquelle tu auras écrit le mot « eau ». Laisse les pots à la température de la pièce et n'y touche pas pendant trois ou quatre jours.

3. Sors les os des pots et examine-les. Essaie de les plier. Que se passe-t-il? En quoi sont-ils différents?

QUE S'EST-IL PASSÉ?

Tu peux facilement plier l'os qui était dans le vinaigre, tandis que l'os qui était dans l'eau est demeuré plus ferme. Le vinaigre contient de l'eau et un produit chimique, l'acide acétique, qui dissout le calcium. Le calcium est une substance minérale qui joue un rôle important dans la solidité des os et aide ton sang à coaguler quand tu te coupes. Comme le hockey est un sport de contact, les joueurs de hockey doivent avoir des os particulièrement solides et pouvoir guérir facilement. Certains aliments contiennent beaucoup de calcium, comme le lait, le fromage, les céréales et certains légumes, dont le brocoli.

INFO-SCIENCE

Après un exercice physique vigoureux, ton corps a besoin de **glucides** et de **protéines**. Les nutritionnistes recommandent de consommer des glucides, comme un fruit ou du jus, dans les 30 minutes qui suivent une activité physique afin de retrouver son énergie et de rétablir son niveau de **glycogène**, la molécule chimique que le corps produit pour emmagasiner des glucides. Les protéines, présentes dans des aliments comme les noix, la viande ou le lait, procurent aux muscles les **acides aminés** dont ils ont besoin pour se rétablir après un exercice et pour se reconstruire.

ÉCHEC ET AÏE!

Au hockey, tu sais bien ce qui risque d'arriver si un joueur lourd et costaud met en échec un joueur plus petit : le joueur plus petit se retrouvera probablement sur la glace. Voyons voir quels sont les principes physiques de la mise en échec.

Il te faut :

- un assistant
- une règle souple
- 4 pièces de monnaie (1 cent, 5 cents, 10 cents et 25 cents)
- une table lisse
- un crayon et du papier

Marche à suivre :

1. Tiens la règle fermement par un bout et maintiens-la à 10 cm du bord de la table.

2. Dépose une pièce de 25 cents sur la table, à environ 2 cm de l'autre bout de la règle. Recourbe légèrement le bout de la règle en le tirant jusqu'au bord de la table.

3. Place les trois autres pièces de monnaie sur la table et utilise-les comme cibles. Propulse la pièce de 25 cents en visant chacune des trois autres, une à la fois. Demande à ton assistant de mesurer l'écart entre la position des pièces avant et après. Note les résultats sur la feuille de papier. Quelle pièce est allée le plus loin?

4. Utilise ensuite ta pièce de 25 cents comme cible, et propulse chacune des autres pièces contre celle-ci pour voir jusqu'où elle va.

QUE S'EST-IL PASSÉ?

Tu as utilisé chaque fois la même force pour propulser ta pièce, mais la pièce qui te servait de cible n'a pas toujours parcouru la même distance. La force de la collision dépend de la variation de vitesse, et de la **masse** de la pièce. La pièce la plus lourde ne s'est pas déplacée aussi loin que les pièces plus légères à cause de sa masse. Au hockey, dans une mise en échec, c'est le joueur le plus léger qui sera projeté le plus loin, à moins qu'il n'enfonce les lames de ses patins dans la glace et repousse l'adversaire. La force exercée est la même sur les deux joueurs, mais le poids confère au joueur le plus lourd un avantage... scientifique.

PARTIR EN VRILLE

Les joueurs de hockey peuvent patiner vite, très vite. Ils peuvent aller jusqu'à 32 km/h. Si tu les observes sur la glace, tu constateras qu'ils sont penchés vers l'avant. Peux-tu te pencher autant vers l'avant sans patiner vite?

Il te faut :
- un assistant
- un rapporteur
- un mur

Marche à suivre :

1. Tiens-toi debout, à quelques centimètres d'un mur, les pieds écartés à la largeur des hanches.

2. Penche-toi vers l'avant, place tes mains sur le mur, puis déplace tes pieds vers l'arrière. Demande à ton assistant de mesurer l'angle entre ton corps et le sol, et arrête-toi quand cet angle est de 45 degrés.

3. Essaie de soulever tes mains du mur sans pousser.

4. Rapproche tes pieds du mur et essaie encore de soulever tes mains.

5. Mesure l'angle que forme ton corps avec le sol quand tu commences à être capable d'enlever tes mains du mur et de te tenir debout.

QUE S'EST-IL PASSÉ?

Pour pouvoir tenir debout, ton corps doit former un plus grand angle avec le sol. Tu ne peux pas te pencher vers l'avant en formant un angle de 45 degrés et rester immobile. Tu tomberais. Pourtant, quand tu patines, ton corps peut former un angle de 45 degrés avec la patinoire. Tu enfonces tes lames dans la glace et tu pousses vers l'arrière. À mesure que tu accélères, le mouvement vers l'avant te permet de te pencher beaucoup plus bas que si tu te tenais debout immobile. La seule façon de pouvoir rester debout à cet angle-là sans avancer de plus en plus vite sur des patins, c'est de t'appuyer sur quelque chose, comme un mur.

GLOSSAIRE

acide lactique : Acide organique qui se forme dans les muscles pendant l'exercice physique.

acides aminés : Classe d'acides organiques qui se combinent pour former les protéines.

ammoniac : Gaz incolore qui dégage une forte odeur.

bactéries : Minuscules micro-organismes unicellulaires. Certaines bactéries sont utiles, tandis que d'autres causent des maladies.

champignons : Catégorie qui regroupe les moisissures qui vivent sur des cadavres ou des matières en décomposition.

commotion cérébrale : Blessure au cerveau qui survient à la suite d'un choc violent à la tête.

composite : Matériau fait de plusieurs autres matériaux.

contre-mouvement : Mouvement dans la direction opposée.

cortex moteur : Partie du cerveau qui contrôle les mouvements des muscles du corps.

cortex préfrontal : Partie du cerveau située sous ton front, que tu utilises pour réfléchir et te concentrer.

élastique : Matériau qui peut reprendre sa forme, sa taille ou sa position initiale après avoir été étiré ou comprimé.

énergie : Capacité de faire un travail ou de déplacer un objet.

énergie cinétique : Énergie que possède un corps en mouvement.

énergie élastique : Énergie emmagasinée à la suite de l'étirement ou de la compression d'un matériau élastique.

énergie potentielle : Toute forme d'énergie emmagasinée, comme l'énergie chimique dans la nourriture.

envergure : Distance entre le bout des doigts de ta main droite et ceux de ta main gauche lorsque tu écartes les bras.

éthylène glycol : Produit chimique; ingrédient courant de l'antigel.

fibres musculaires : Tissus longs et minces qui composent tes muscles.

fibres musculaires à contraction lente : Tissus musculaires longs et minces qui permettent de faire des activités d'endurance.

fibres musculaires à contraction rapide : Tissus musculaires longs et minces qui permettent de faire des mouvements rapides pendant de courtes périodes.

force : Énergie qui peut modifier le mouvement ou la forme d'un objet.

friction : Résistance au mouvement qui s'exerce entre deux objets ou surfaces en mouvement.

glucides : Nutriments qui fournissent de l'énergie, p. ex. le sucre et l'amidon.

glycogène : Forme que prend le glucose accumulé chez les animaux.

masse : Quantité de matière qui peut se mesurer en grammes.

microbes : Organismes vivants si petits qu'il faut un microscope pour les voir.

nerfs : Fibres qui peuvent transporter une impulsion électrique entre le cerveau et la moelle épinière, et entre les capteurs et les muscles du corps.

nerfs moteurs : Nerfs qui envoient des signaux du cerveau ou de la moelle épinière jusqu'à un muscle du corps.

nerfs optiques : Nerfs qui relient le cerveau et les yeux.

protéine : Nutriment essentiel fait d'acides aminés et qui est présent dans tous les animaux et tous les végétaux.

puissance : Mesure de l'effort qui peut être déployé en un temps précis.

puissance de crête : Puissance maximale qu'un athlète peut produire; elle est mesurée en unité de watts par kilogramme.

saumure : Un mélange d'eau et de sel.

saut statique : Saut sur place.

télescopage : Fait, pour un gardien, de s'éloigner de son but pour avoir l'air plus imposant.

temps de réaction : Temps nécessaire à ton corps pour réagir à un stimulus.

VO$_2$ max : Mesure de la capacité de ton corps à utiliser l'oxygène pendant un exercice physique.